ALEXANDER SCHMEMANN

BIECHT
EN COMMUNIE

UITGEVERIJ ORTHODOX LOGOS

BIECHT EN COMMUNIE
Enkele opmerkingen over het ontvangen van de Heilige Communie

Alexander Schmemann

Vertaling – Anne Biegel & Alexis Voogd

Proeflezer - Kevin Custers

Uitgevers Maxim Hodak & Max Mendor

Boekomslag, design en layout door:
Max Mendor

© 2023, Uitgeverij Orthodox Logos, Nederland

www.orthodoxlogos.com

ISBN: 978-1-80484-035-1
ISBN: 978-1-80484-053-5

Niets uit deze uitgave mag worden verveelvoudigd en/of openbaar gemaakt door middel van druk, fotokopie, microfilm of op welke andere wijze ook zonder voorafgaande schriftelijke toestemming van de uitgever.

ALEXANDER SCHMEMANN

BIECHT
EN COMMUNIE

UITGEVERIJ ORTHODOX LOGOS

INHOUD

Hoofdstuk 1
Een dwingend vraagstuk van essentieel belang . . . 9

Hoofdstuk 2
Godsdienstloze godsdienst 15

Hoofdstuk 3
Waarom sacramenten? 18

Hoofdstuk 4
De norm 23

Hoofdstuk 5
Het verval 26

Hoofdstuk 6
De betekenis van de communie 33

Hoofdstuk 7
De betekenis van de voorbereiding
voor de communie 40

Hoofdstuk 8
Biecht en communie 47

Hoofdstuk 9
Alles opnieuw ontdekken 58

Deze *Opmerkingen over biecht en communie* maken in de oorspronkelijke titel *Holy Things for the Holy* deel uit van de Amerikaanse publicatie *Great Lent*, waaraan ze als appendix zijn toegevoegd. Eerder zijn ze verschenen in A. Schmemanns *Rapport over biecht en communie*, aangeboden aan de Heilige Synode van de Orthodoxe Kerk in Amerika en door de Synode goedgekeurd op 17 februari 1971.

Great Lent is een uitgave van de St. Vladimir's Seminary Press, 575 Scarsdale Road, Crestwoord, N.Y. 1077 U.S.A. In Nederlandse vertaling *De grote vasten*, verschenen in 1976.

Alexander Schmemann was hoogleraar in de Liturgische Theologie aan het Orthodoxe Theologische seminarie van Sint Vladimir in Crestwood bij New York.

HOOFDSTUK 1
EEN DWINGEND VRAAGSTUK VAN ESSENTIEEL BELANG

De discussie over het regelmatig ontvangen van de communie, over het verband tussen het sacrament van de communie en het sacrament van boete (de biecht), over het wezen en de betekenis van de biecht, zijn vandaag de dag in onze kerk niet een teken van zwakte of van geestelijk verval, maar juist van leven en bewustwording. Het kan niet langer ontkend worden dat er bij de orthodoxe gelovigen een groeiende belangstelling voor het essentiële valt te constateren, een honger en dorst naar een meer geestelijk leven en daarvoor kan men God alleen maar dankbaar zijn. Als het waar is, zoals sommige mensen schijnen te denken, dat we in een 'crisis' zitten – en alle twijfels, alle verdieping van geestelijk bewustzijn betekent altijd en onontkoombaar een crisis – dan is dat een crisis ten goede en te juister tijd. Het zou dan ook verkeerd zijn en ook zeker niet lukken om de oplossing alleen maar te zoeken in allerlei voorschriften en bepalingen. We staan op het ogenblik voor een alles beslissend geestelijk vraagstuk, dat ten nauwste samenhangt met ieder aspect van ons eigen leven en daar zou ik aan willen toevoegen: met het lot van de orthodoxie zelf in deze hopeloos verwarde 'moderne' wereld, die toch onze wereld is.

Alleen een geestelijk verblind en totaal ongevoelig mens kan ontkennen dat onze kerk, hoewel er zeker een en ander bereikt is – maar dan wel vooral uiterlijk en materieel – bedreigd wordt door een zeer groot en groeiend gevaar: het secularisme. Wat is secularisme? In een artikel dat ik enkele jaren geleden publiceerde heb ik getracht het als volgt te omschrijven:

> ... een wereldbeschouwing en een daaruit voortvloeiende levenswijze waarin de fundamentele aspecten van het menselijk bestaan – zoals gezin, opvoeding, wetenschap, beroep, kunst, enz. – niet alleen wortelen in of verband houden met religie, maar waarin zelfs de noodzaak of mogelijkheid van een dergelijk verband wordt ontkend. De wereldlijke of seculiere levensterreinen worden gezien als autonoom, dat wil zeggen, dat ze bepaald worden door hun eigen waarden, principes en beweegredenen, die anders zijn dan de religieuze. Secularisme is een min of meer normaal verschijnsel in iedere moderne beschaving; maar het bijzondere voor wat Amerika betreft, dus ons hier interesseert, is dat het Amerikaanse secularisme volstrekt niet antireligieus of atheïstisch is, maar integendeel als vrijwel noodzakelijk element een

zeer bepaalde kijk op godsdienst insluit en inderdaad "religieus" genoemd kan worden; zoiets als een "filosofie van het leven" is. Zelfs een openlijk antireligieuze maatschappij zoals Sovjet-Rusland of Rood China kan men niet secularistisch noemen. Godsdienst is daar iets vijandigs dat uitgeroeid moet worden en elk compromis dat men ermee sluit is op zijn hoogst van tijdelijke aard. Maar het karakteristieke van de Amerikaanse cultuur en "levenswijze" is dat ze de godsdienst accepteren als iets essentieels voor de mens en die godsdienst tegelijkertijd ontkennen als integrale wereldbeschouwing die vorm geeft aan de totaliteit van het menselijk bestaan.

Een Amerikaanse "secularist" kan een heel "religieus" mens zijn, gehecht aan zijn kerk, regelmatig bezoeker van de dienst, royaal in zijn financiële bijdragen, stipt in zijn gebeden; hij zal van zijn huwelijk een kerkelijke "plechtigheid" maken, zijn huis laten inzegenen, zijn godsdienstige verplichtingen stipt nakomen – alles volkomen te goeder trouw. Maar dit alles doet volstrekt niets af aan het simpele feit dat voor hem al deze gebieden van zijn leven – huwelijk en gezin, huiselijk leven en beroep en uiteindelijk zijn godsdienstige verplichtingen zelf – niets te maken hebben met het credo dat hij in de kerk belijdt, niet voortkomt uit het geloof dat hij in de kerk belijdt, niet voortkomt uit het geloof dat hij betuigt in de Menswording, de Dood en de Verrijzenis van Christus, Zoon van God, die Zoon des Mensen werd, maar vanuit "levensfilosofieën". Dat wil zeggen vanuit ideeën en overtuigingen die hoegenaamd niets met dat credo te maken hebben voor zover ze er niet lijnrecht tegenover staan. Men hoeft maar een paar "normen" van onze beschaving te noemen waar alles om draait – succes, zekerheid, status, wedijver, winst, prestige, eerzucht – om te realiseren dat die lijnrecht staan tegenover het hele ethos en de inspiratie van het Evangelie…

Betekent dat dan, dat deze religieuze secularist een cynicus is, een hypocriet of een schizofreen? Volstrekt niet. Het betekent alleen maar dat zijn godsdienstig begrip wortelt in zijn geseculariseerde wereldbeschouwing en niet andersom. In een niet-geseculariseerde samenleving – de enige soort samenleving die de orthodoxie in het verleden kende – is het de godsdienst en zijn waarden, die de beslissende maatstaf vormen voor het geheel van iemands leven, een hoogste "verwijzing", waaraan de mens, de samenleving, de beschaving zichzelf toetsen, zelfs als ze er voortdurend van afwijken. Zij leven misschien vanuit eenzelfde wereldse motivatie, maar dan worden ze wel voortdurend door de godsdienst uitgedaagd al is het maar door de passieve aanwezigheid ervan. Dan kan de "levenswijze" wel niet religieus zijn hoewel de "levensfilosofie" wel degelijk op de godsdienst steunt. Maar in de geseculariseerde samenleving is het precies andersom: de "levenswijze" sluit de religie in, de "levensfilosofie" sluit die uit.

Aanvaarding van het secularisme betekent vanzelfsprekend een radicale verandering van de godsdienst zelf. Alle uiterlijke en traditionele vormen mogen dan behouden blijven, maar innerlijk is het een totaal andere godsdienst. Wanneer secularisme "instemt" met het bestaan van godsdienst en aan de godsdienst een ereplaats toekent in het sociale leven, dan gebeurt dat alleen maar voor zover de godsdienst zelf erin toestemt om deel uit te gaan maken van een wereldlijke levensbeschouwing, een sanctie te zijn voor waarden van de wereld en een hulpmiddel te zijn bij het proces die deelachtig te worden. En inderdaad – er is geen woord in de vocabulaire van het secularisme dat met betrekking tot de godsdienst meer wordt gebruikt dan het woord "hulpmiddel". Het "helpt" om bij een religieuze groepering te horen, om vereenzelvigd te worden met een religieuze traditie, actief te zijn in de kerk, te bidden: kortom, het "helpt" om een godsdienst te hebben.

En aangezien de godsdienst helpt, aangezien het zo duidelijk nut heeft in het persoonlijke en sociale leven om godsdienstig te zijn, moet de godsdienst op zijn beurt geholpen worden. Vandaar het opmerkelijke succes dat de godsdienst in Amerika heeft, waar alle statistieken van getuigen. Amerikaans secularisme erkent en aanvaardt godsdienstigheid, maar op haar eigen voorwaarden. Het wijst aan de godsdienst een bepaalde functie toe en mits die functie wordt geaccepteerd en vervuld, overlaadt men de godsdienst met eerbewijzen, geld en prestige. "Amerika", zo schrijft W. Herberg, "schijnt tegelijkertijd zowel de meest religieuze als de meest wereldse natie te zijn… Ieder aspect van het godsdienstig leven van nu weerspiegelt die paradox: doordringen secularisatie te midden van groeiende godsdienstigheid…"

HOOFDSTUK 2
GODSDIENSTLOZE GODSDIENST

Het naïef en onjuist identificeren van dit Amerikaanse secularisme met de 'Amerikaanse manier van leven' zoals veel orthodoxen doen, is de oorzaak van de ernstige crisis in de orthodoxie. En die crisis komt nergens zo duidelijk aan het licht als in die vreemde 'godsdienstloze godsdienst' die het kerkelijk leven geheel lijkt te doordringen. Het terugbrengen van wat de kerk werkelijk is tot louter materieel, organisatorisch en wettisch bezig zijn, ten koste van het godsdienstige en spirituele; het bezeten zijn van 'bezit', geld, het verdedigen van de 'rechten van de parochie' tegenover bisschoppen en geestelijken die men ziet als een 'bedreiging' van buitenaf; de onverschilligheid tegenover de missionaire, opvoedkundige en liefdadige taken van de kerk; de passieve en soms zelfs actieve weerstand tegen iedere poging om het spirituele en liturgische leven te verdiepen, het minder 'nominaal' (in naam) en meer waarachtig te maken; het vereenzelvigen van godsdienst met folklore en volksgebruiken, de betrokkenheid op zichzelf, het zich afzonderen van zovele van onze parochies, hun ongeïnteresseerdheid in de werkelijke behoeften van de kerk wat betreft haar missionaire taak in Amerika – dit alles onthult een zo diep doorwerkende secularisatie van het kerkbewustzijn dat men zich werkelijk bezorgd maakt over de toekomst van onze kerk, wier leiders zowel als de lezen zich de omvang en de ernst van de crisis niet schijnen te realiseren.

En toch is het juist deze secularisatie van de kerk zelf die zovelen, vooral onder de jongeren, ertoe brengt de kerk eenvoudig te verlaten, die kerk waar niemand hun leert wat haar essentie en haar leven is, wat het betekent lid van die kerk te zijn; waar nauwelijks een beroep op iemand wordt gedaan om zich geestelijk te verdiepen; waar inderdaad het spirituele gereduceerd is tot een 'formeel' minimum (bijwonen van de diensten, eenmaal per jaar de communie ontvangen, een beetje vasten, zich af en toe onthouden van pleziertjes) terwijl het materiële en het uiterlijke zich in maximale proporties ontwikkelt.

En dit alles speelt zich af in een tijdperk waarin wij orthodoxen geroepen zijn om een nieuw leven te beginnen, terwijl ons de mogelijkheid is gegeven – die aan zovele van onze broeders en zusters in onze moederkerk is ontzegd – om niet alleen in woorden, maar in werkelijkheid vrij te zijn, om onze kerk haar volle geestelijke inhoud te geven, om al datgene tot stand te brengen wat helaas niet bereikt kan worden door de orthodoxen die in de afschuwelijke omstandigheden leven van openlijk atheïsme en totalitaire regimes. Is het dan niet tragisch dat dit alles wat ons geboden wordt, wat een beroep op de mens doet, hem mogelijkheden biedt, niet of nauwelijks erkend, aanvaard en beantwoord wordt; dat de structuur zelf van onze kerken, de daarin overheersende geestesgesteldheid en eigenbelangen het in feite onmogelijk maken om waarachtig religieus leven, voedsel en steun te geven.

HOOFDSTUK 3
WAAROM SACRAMENTEN?

Ik ben deze opmerkingen begonnen met enkele algemene beschouwingen over de huidige situatie in de kerk, omdat het mijn diepe overtuiging is dat de nieuwe belangstelling voor de sacramenten, voor het praktiseren en de geldende regels ten aanzien van de sacramenten, uit de crisis voortkomt en er direct mee in verband staat. Ik ben ervan overtuigd dat de deelname van de gelovigen aan de Heilige Mysteriën inderdaad het kernprobleem is van ons kerkelijk leven.

De toekomst van de kerk, haar werkelijke vernieuwing of haar onvermijdelijk verval hangt uiteindelijk geheel af van de wijze waarop juist dit vraagstuk zal worden opgelost.

Ik ben ervan overtuigd dat daar waar eucharistie en communie weer geworden zijn wat wijlen vader Sergius Chetverikov 'het hart van het christelijk leven' noemde, men de zo tragische 'verschraling' en de hiervoor genoemde defecten te boven komt en herstel zich begint af te tekenen. En dit is niet zonder meer toeval te noemen; want als het even van de kerk niet voor alles op Christus is gebouwd – en dat wil zeggen op een voortdurende en levende gemeenschap met Hem in het sacrament van Zijn Tegenwoordigheid – dan komt er onvermijdelijk iets anders naar voren en gaat overheersen als het 'brandpunt' van de parochiële zorg en activiteit. Dat kan 'bezit' zijn of wat oppervlakkige folklore, ofwel maakt men materieel succes tot enig doel... Als het Christus niet is, dan zal er onvermijdelijk iets anders zijn – wereld, zelfs zondig – dat het leven van de kerk vorm geeft maar tegelijkertijd desintegreert.

Tot voor zeer kort heeft men zich wellicht niet gerealiseerd hoe urgent dit 'of/of'-gegeven is. En inderdaad hebben onze parochies gedurende de lange immigratieperiode van de geschiedenis van de orthodoxie in Amerika er behalve hun religieuze functie vanzelfsprekend nog een soort seculiere functie bij gehad: etnisch, nationaal en taalkundig. Dat was bittere noodzaak en het enige middel voor saamhorigheid onder de immigranten. Als groep hadden zij behoefte aan een eigen identiteit alleen om te kunnen overleven binnen de Amerikaanse maatschappij die hun aanvankelijk vreemd en zelfs vijandig was. Maar het einde van deze periode nadert snel. De 'natuurlijke' basis van onze kerk – volk en taal – is zonder meer aan het verdwijnen; steeds meer orthodoxen spreken alleen nog maar Engels en we hebben parochies waar bijna de helft van de parochianen tot het orthodoxe geloof is overgegaan. Maar dan rest de vraag: wat komt er in de plaats van die basis? Is het niet volkomen duidelijk dat wanneer die niet vervangen wordt door het fundamenteel geloven in en het ervaren van de kerk als eenheid, leven en groei in Christus, dit wil zeggen, door de werkelijke religieuze inhoud van de orthodoxie, dat dan onvermijdelijk de parochie en de kerk zelf aan een langzaam maar onontkoombaar verval en ontbindingsproces beginnen. Wanneer er dan geen band meer is in iets en omwille van iets, verenigt men zich tegen iets. Hier ligt de tragische urgentie en de diepe ernst van onze huidige situatie.

Daarom is het vraagstuk van de sacramenten zo belangrijk. Alleen daarin en vanzelfsprekend bovenal in het sacrament zelf van Christus' Tegenwoordigheid en van onze vereniging met Hem en in Hem, kunnen we opnieuw de positieve (en niet de negatieve) beginselen ontdekken die zo duidelijk ontbreken in onze hedendaagse kerk. De grote mogelijkheid tot verandering en vernieuwing van de mentaliteit van de leek, die gedurende zo lange tijd is afgesneden geweest van de bronnen en de ervaring van de kerk, wortelt uitsluitend in de sacramenten. En wanneer dit vraagstuk in onze dagen zo dwingen is geworden, dan is dat omdat steeds meer mensen, bewust of onbewust, op zoek naar die basis, het enige dat de kerk en de parochie kan helpen om hun religieuze diepte te herontdekken en halt toe te roepen aan hun snelle secularisering.

Ik ben me er volledig van bewust, dat onder de orthodoxen de neiging bestaat om alle moeilijke problemen, met inbegrip van het probleem dat hier ter discussie staat – de deelname van de leek aan de Heilige Mysteriën – op te lossen door terug te grijpen op het verleden, dat wil zeggen, zich te richten naar wat men dertig, vijftig of honderd jaar geleden deed of nog steeds doet in Rusland, Griekenland, Polen, Servië, enz. Maar men komt niet veel verder met het daar te zoeken en het doet soms meer kwaad dan goed. En men vindt het daar niet omdat niet alles uit dat verleden, of het nu Rusland is of Griekenland, of wat ook, ipso facto waarachtig orthodox was. Om zich hier goed van bewust te zijn, zou men bijvoorbeeld moeten lezen wat de Russische bisschoppen schreven aan het begin van deze eeuw, toen de Russische Kerk haar zeer verlate concilie voorbereidde (dat begon in 917, maar door het geweld van de revolutie onderbroken werd en in 1918 werd geschorst zonder dat haar taak was volbracht). Vrijwel zonder uitzondering verklaarden de Russische bisschoppen, toen waarschijnlijk de best geschoolden in de gehele Orthodoxe Kerk en onbetwistbaar conservatief, dat de situatie van de kerk – geestelijk, liturgisch, structureel – sterk in verval was en een hervorming bitter behoefde. En wat de Russische theologie betreft, die werd door al haar eminente vertegenwoordigers unaniem veroordeeld wegens haar capitulatie voor westerse scholastiek en legalisme, juist op het beslissende gebied van de sacramentele theologie. In een befaamd rapport aan de Russische Heilige Synode doet een van de leiders van het Russische episcopaat, aartsbisschop Antonie Khrapovitsky, het voorstel om de Russische theologische scholen met de grond gelijk te maken en ze te vervangen voor scholen met een volstrekt andere benadering van de godsdienstige opleiding. De op het einde van de vorige eeuw als heilige levende vader Johannes van Cronstadt werd niet moe de lauwe en formele vroomheid van de Russische samenleving, het terugbrengen van de communie tot de 'eens-per-jaar-verplichting' en het afzakken van het kerkelijk leven tot niet meer dan gewoonten, aan de kaak te stellen en te veroordelen.

Gezien dit alles kan men niet volstaan met een verwijzing zonder meer naar, of een beroep op, het verleden, want men moet dat verleden ook weer zien in het licht van de orthodoxe traditie. Het enige criterium altijd en overal is de traditie zelf – en de pastorale bekommernis hoe die 'toe te passen' in onze situatie die veelal radicaal anders is dan vroeger.

HOOFDSTUK 4
DE NORM

Het is onmogelijk en ook onnodig om de hele kwestie van de deelname door de leek aan de Heilige Mysteriën hier in al zijn dogmatische en historische aspecten naar voren te brengen. Maar het essentiële kan als volgt worden samengevat:

Het staat vast dat in de vroege kerk het deelnemen aan de communie door al de gelovigen tijdens iedere Heilige Liturgie de vanzelfsprekende norm was; maar hierbij moet wel nadrukkelijk worden gezegd dat dit gemeenschappelijk en regelmatig communiceren opgevat en ervaren werd niet alleen als een persoonlijke vrome daad tot zelfheiliging, maar bovenal als een daad die onlosmakelijk behoorde bij het lidmaatschap van de kerk. Het was de vervulling en de verwezenlijking van dat lidmaatschap. De eucharistie werd omschreven en ervaren zowel als het sacrament van de kerk, het sacrament van de vergaderden en het sacrament van de eenheid. 'Hij mengde zich onder ons', zo schrijft de heilige Johannes Chrysostomus, 'en loste Zijn Lichaam op in ons zodat wij één geheel zouden vormen en een lichaam zijn dat verenigd is met het Hoofd'.

In feite was er in de vroege kerk geen ander criterium voor lidmaatschap dan de deelname aan het sacrament. 'Als algemene regel gold dat degene die een aantal weken het sacrament niet had ontvangen, zichzelf had geëxcommuniceerd, zichzelf had afgesneden van het Lichaam van de kerk'. Gemeenschap met het Lichaam en Bloed van Christus was de vanzelfsprekende voltooiing van het doopsel en de zalving en er bestonden verder geen voorwaarden voor het ontvangen van de communie. Ook al de overige sacramenten waren 'besloten' in de deelname aan de Heilige Gaven. En deze band tussen het lidmaatschap van de kerk en de communie was zo evident dat we in vroege liturgische teksten kunnen lezen over de wegzending voor de consecratie van degenen 'die niet kunnen deelnemen aan dit Heilig Mysterie'. En we moeten goed voor ogen houden dat, hoezeer deze oorspronkelijke opvatting en ervaring van de communie later ook verduisterd en bemoeilijkt is, men dit oorspronkelijke begrip nooit heeft losgelaten en het voor altijd de wezenlijke norm blijft van de kerkelijke traditie.

Daarom moeten we niet vragen naar die norm, maar wat er met die norm is gebeurd. Waarom is die zo totaal in het vergeetboek geraakt dat alleen al het noemen van meer frequent (laat staan regelmatig) ontvangen van de communie zovelen (en vooral de geestelijken) voorkomt als een ongehoorde nieuwigheid die naar hun oordeel de kerk op haar grondvesten doet schudden en die zelfs verwoest? Hoe is het mogelijk dat eeuwenlang in negen van de tien gevallen de Liturgie werd gevierd als Liturgie zonder communicanten? Hoe komt het dat dit ongelooflijke feit geen vraagtekens oproept, niet schokt en verontrust, terwijl het verlangen om vaker te communiceren vrees, tegenstand en weerstand ontmoet? Hoe komt het dat dit vreemde leerstuk van de communie-eenmaal-per-jaar in de kerk kon ontstaan en beschouwd worden als de 'norm' waarvan iedere afwijking alleen maar uitzondering kon zijn? Hoe kon, met andere woorden, de opvatting over communie zo uitsluitend individualistisch worden, zo losstaand van de leer van de kerk als het Lichaam van Christus, zo volstrekt in tegenspraak met het Eucharistisch gebed zelf: 'en wij allen die deelhebben aan het ene Brood en de ene Beker met elkander verenigd in de Gemeenschap met de ene Geest...'?

HOOFDSTUK 5
HET VERVAL

Oorzaken en verontschuldigingen

Het gebruikelijke antwoord waarmee de tegenstanders van de veelvuldige communie zich verweren luidt als volgt: als het zo is, dat men met de praktijk van de vroege kerk heeft moeten breken, als men heeft moeten invoeren dat er een radicaal onderscheid is tussen de geestelijken voor wie het ontvangen van de communie een vanzelfsprekend onderdeel is van hun celebratie en de leken die slechts worden toegelaten onder bepaalde voorwaarden die onbekend waren in de vroege kerk; als over het algemeen de communie voor leken eerder uitzondering dan norm is geworden, dan is dat zo vanwege de alleszins juiste en heilige vrees het sacrament te profaneren door er onwaardig aan deel te nemen en daarmee onze verlossing in gevaar te brengen.

De heilige Paulus zegt immers: 'want wie eet en drinkt, eet en drinkt tot zijn eigen oordeel, omdat hij het lichaam niet onderscheidt' (1 Kor. 11:29).

Dit antwoord vraagt ook weer om een antwoord, want het roept in feite meer vragen op dan het oplost. Op de eerste plaats dit: zelfs wanneer het waar is dat excommunicatie (uitsluiting) van de leden de facto (feitelijk) voortkwam uit deze heilige angst en het gevoel van onwaardigheid, dan geldt dat nu zeker niet meer. Want als dat wel zo was, dan zouden degenen die niet communiceren toch minstens enigszins treurig gestemd moeten zijn tijdens het bijwonen van de Heilige Liturgie, spijt moeten hebben over hun zondigheid en onwaardigheid die hen gescheiden houden van de Heilige Gaven, ze zouden zich in één woord 'geëxcommuniceerd' moeten voelen. Maar in werkelijkheid is dat helemaal niet zo. Generatie na generatie van orthodoxen woont de Liturgie bij met een volkomen zuiver geweten, in de volstrekte overtuiging dat er verder niets van hen wordt gevraagd, dat de communie er eenvoudigweg niet voor hen is. En wanneer die dan wel aan hen gegeven wordt bij enkele zeldzame uitzonderlijke gelegenheden, dan ontvangen ze die als het 'vervullen van een verplichting', waarna ze zichzelf weer een jaar lang als 'goede christenen' beschouwen. Maar waar is bij deze houding, die helaas de norm is geworden in onze kerken, ook maar een spoortje van deemoed en berouw te vinden, van eerbied en vrees voor God?

Toen deze houding zich voor het eerst manifesteerde in de kerk – en dat gebeurde vrij spoedig na de overgang tot het christendom van het Romeinse Rijk, met als gevolg een massale kerstening van de bevolking en een daarmee gepaard gaande daling van het zedelijk en geestelijk levenspeil onder christenen – beschouwden de heilige vaders dat niet als het resultaat van vrees en deemoed, maar van veronachtzaming en geestelijke verslapping. En evenals ze uitstel van het doopsel om redenen van 'onvoorbereidheid' en 'onwaardigheid' openlijk als zondig veroordeelden, verzetten ze zich ook tegen elke veronachtzaming van de sacramenten. Het is eenvoudig onmogelijk bij de heilige vaders een tekst te vinden ter ondersteuning van de opvatting dat, als iemand niet waardig deel kan nemen aan de Mysteriën, hij er zich beter van kan onthouden. De heilige Johannes Cassianus schrijft:

> Laten we niet van de communie afzien omdat we onszelf zondig achten. Laten we er vaker aan deelnemen ter genezing van onze ziel en de reiniging van onze geest, maar zo nederig en vol geloof dat we, diep bewust van onze onwaardigheid ... alleen maar nog sterker verlangen naar het geneesmiddel voor onze wonden. Anders is het ook onmogelijk om de communie eenmaal per jaar te ontvangen zoals sommige mensen doen ... omdat men heiliging door de hemelse Mysteriën alleen voorbehouden acht aan de heiligen. Neen, laten we liever bedenken dat het sacrament, omdat het ons genade geeft, ons reinigt en heiligt. Zulke mensen tonen meer trots dan deemoed ... want wanneer zij de communie ontvangen, achten zij zich waardig. Veel beter is het indien wij met een nederig hart

en beseffend dat we de Heilige Mysteriën nooit waardig zijn, ze iedere zondag zouden ontvangen voor de genezing van onze kwalen, dan dat we verblind door hoogmoed menen dat we na één jaar wel waardig zouden zijn ze te ontvangen ...

'Verblind door hoogmoed'! De heilige Cassianus wijst hier inderdaad op dat merkwaardige vermogen van de mens om bij elke vorm van geestelijke dwaling voor zichzelf een geestelijk 'alibi' te vinden, zich te tooien met die pseudonederigheid die de meest subtiele en daarom de gevaarlijkste vorm van hoogmoed is. Wat derhalve naar het algemeen getuigenis van de heilige vaders zijn ontstaan vond in nalatigheid, vond al spoedig rechtvaardiging in pseudogeestelijke argumenten en werd langzamerhand als de norm geaccepteerd.

Bijvoorbeeld ontstond de mening – volstrekt onbekend en vreemd aan de vroege traditie – dat ten aanzien van de communie er een geestelijk en zelfs een mystiek onderscheid bestaat tussen de geestelijkheid en de leken in die zin dat de eersten de communie niet alleen veelvuldig kunnen, maar ook moeten ontvangen, terwijl dat aan de laatsten niet is toegestaan. Hier moeten we nogmaals de heilige Johannes Chrysostomus citeren, die meer dan wie ook de heiligheid van de sacramenten heeft verdedigd en aandrong op een waardige voorbereiding tot de communie. De grote herder schrijft:

> Er zijn gevallen waarin er geen verschil is tussen een priester en een leek, met name bij het naderen tot de Heilige Mysteriën. Die worden aan ons allemaal gegeven, en niet zoals in het Oude Testament, toen er voedsel was voor de priesters en ander voedsel voor het volk, en het aan het volk verboden was te eten van het voedsel voor de priesters. Nu is dat niet meer zo: nu wordt aan allen hetzelfde Lichaam en dezelfde Beker geboden ...

En duizend jaar later maakt Nicholas Cabasilas, als hij over de communie spreekt in zijn *Verklaring van de Heilige Liturgie* (niet in het Nederlands vertaald, in het Engels: *A Commentary on the Divine Liturgy*) geen enkel onderscheid tussen clerus en leken ten aanzien van de communie. Hij schrijft:

> ... indien iemand die er wel de mogelijkheid toe heeft, afziet van het aanzitten aan het eucharistisch feestmaal, zal hij geen deel hebben aan de heiliging die dit feestmaal schenkt; niet vanwege het feit zelf dat hij er niet toe nadert, maar omdat hij, terwijl de mogelijkheid er is, weigert te komen ... Hoe zou mens kunnen geloven in de liefde van iemand die de mogelijkheid heeft om het sacrament te ontvangen en het niet ontvangt?

En toch, ondanks zulke duidelijke getuigenissen, bleef en blijft dit vreemde en inderdaad ketterse idee deel uitmaken, zo niet van het onderricht dan toch van de liturgische vroomheid van onze kerk.

Deze houding tegenover het ontvangen van de communie zegevierde volledig, toen de orthodoxe theologie, na beëindiging van het patristische tijdperk en de ineenstorting van het Byzantijnse Rijk, de langdurige periode van de 'westerse gevangenschap', van radicale verwestering inging, toen onder invloed van de westerse scholastiek en de juridische sacramentele theologie, de sacramenten, hoewel ze vanzelfsprekend in de kerk bleven, niet langer beschouwd en ervaren werden als de vervulling, of in de woorden van vader Georges Florovsky, als een 'constituerend element'. Toen de communie enerzijds vereenzelvigd werd met de persoonlijke en individuele vroomheid en heiliging met een vrijwel totale uitsluiting van de ecclesiastische zin ervan, terwijl anderzijds het lidmaatschap van de kerk niet langer geworteld was in en afgemeten werd naar de deelname aan het sacrament van de eenheid van de kerk in geloof, liefde en leven.

De leek werd het nu niet alleen 'toegestaan', maar hij werd gedwongen de communie te beschouwen in een geheel persoonlijk perspectief – namelijk dat van zijn behoeften, zijn spiritualiteit, zijn al of niet voorbereid zijn, zijn mogelijkheden, enz. Hijzelf werd het criterium en de beoordelaar van zijn eigen en andermans 'spiritualiteit'. En dit alles gewerd hem binnen het raamwerk van een theologie en een vroomheid die – ondanks het duidelijke getuigenis van de oorspronkelijke orthodoxe traditie – deze status van de leek als niet-communicant onderschreven, er de norm en bijna het 'handelsmerk' van de orthodoxie van maakten.

Het mag werkelijk een wonder heten dat de gecombineerde druk van deze door het Westen beïnvloede theologie en deze buiten-ecclesiastische, individualistische en subjectieve vroomheid, er niet in geslaagd is de honger en de dorst naar de communie, naar een échte en niet nominale en formele deelname aan het leven van de kerk, volledig uit te roeien.

Te allen tijde, maar vooral in onze roerige en verwarde tijd, is de bron van iedere herleving in de orthodoxie de 'herontdekking' geweest van de sacramenten en van het sacramentele leven, en bovenal van de opleving van de eucharistie. Zo was het in Rusland, toen de vervolgingen de lauwe, formele en onwaarachtige houding tegenover de kerk, zo hartstochtelijk veroordeeld door vader Johannes van Cronstadt, wegvaagde. Zo was het in Europa en in het Midden-Oosten toen de orthodoxe jeugdbewegingen opkwamen met hun hernieuwd en verdiept begrip van de kerk. En dat deze eucharistische en sacramentele herleving vandaag aanklopt bij onze kerk zou ons moeten bemoedigen als het teken dat de fatale crisis van het 'secularisme' overwonnen kan worden.

HOOFDSTUK 6
DE BETEKENIS VAN DE COMMUNIE

'Wie dus op onwaardige wijze het brood eet of den beker drinkt, zal zich bezondigen aan het Lichaam en Bloed des Heren ... Want wie eet en drinkt, eet en drinkt tot zijn eigen oordeels, als hij het lichaam niet onderscheidt' (1 Kor. 11:27,29). Als we dit bij de heilige Paulus lezen, kunnen we ons afvragen wat er precies mee wordt bedoeld. Want zoals we zagen, hebben noch de vroege kerk noch de heilige vaders die woorden zo uitgelegd, dat het alternatief van 'onwaardig eten en drinken' zou bestaan in het zich onthouden van de communie, dat de eerbied voor het sacrament en de vrees om het te profaneren, het ontvangen van de Heilige Gaven zou uitsluiten. Zo dacht Paulus zelf er zeker niet over, want juist in zijn brieven en aansporingen vinden we voor het eerst die schijnbare tegenspraak geformuleerd, die in wezen de grondslag vormt van de christelijke 'ethiek' en de bron van de christelijke spiritualiteit.

'Weet gij niet', zo schrijft Paulus aan de Korintiërs, 'dat uw lichaam een tempel is van de Heilige Geest, die in u woont, die gij van God ontvangen hebt, en dat gij niet van uzelf zijt? Want gij zijt gekocht en betaald. Verheerlijk dan God met uw lichaam en uw ziel, die beide van God zijn' (volgens de Griekse tekst 1 Kor. 6:19-20).

Die woorden zijn een wezenlijke samenvatting van het voortdurend beroep dat de heilige Paulus doet op wie christen zijn: we moeten leven naar wat met ons in Christus is 'gebeurd'; maar we kunnen alleen maar zo leven omdat het met ons gebeurd is, omdat heil, verlossing, verzoening en 'gekocht en betaald zijn' ons alreeds zijn gegeven en wij 'niet aan onszelf' toebehoren. We kunnen en moeten aan onze verlossing werken omdat we gered zijn, maar alleen omdat we gered zijn, kunnen we werken aan onze verlossing. Altijd en op ieder moment moeten we worden en ernaar streven te zijn wat we – in Christus – reeds zijn: 'Ge zijt van Christus en van God' (1 Kor. 3:22).

Deze leer van Paulus is van doorslaggevende betekenis voor het christelijke leven in het algemeen en voor het leven met de sacramenten in het bijzonder. Zijn visie openbaart de wezenlijke spanning waarop het leven van de christen is gebaseerd, waaruit het voortspruit en die niet weg te nemen is, want dat zou betekenen afstand doen van het christelijke geloof en de radicale verminking ervan: de spanning die in ieder van ons leeft tussen de 'oude mens die corrupt is door de begeerten van het vlees', en 'de nieuwe mens, hernieuwd naar het beeld van Hem die hem schiep' door de dood en verrijzenis in het doopsel; tussen de gave van het nieuwe elven en de persoonlijke inzet om het deelachtig te worden en het waarlijk tot je eigen leven te maken; tussen de genade, 'niet gegeven met mate' (Joh. 3:34) en de altijd gebrekkige maat van mijn geestelijk leven.

Maar de eerste en essentiële vrucht van al het christelijke leven en spiritualiteit, zo duidelijk zichtbaar in de heiligen, is dan ook dat gevoel, niet van waardig zijn, in hoe geringe mate ook, maar van 'onwaardig zijn'. Hoe dichter iemand bij God is, hoe meer hij zich bewust is van de ontologische (zijns) onwaardigheid van alle schepselen tegenover God, van de volstrekt vrije gave die God voor ons is. Zo een echte spiritualiteit is absoluut niet te rijmen met welke gedachte ook aan 'verdienste', aan iets, dat ons in zichzelf en door zichzelf die gave waardig zou kunnen maken. Want, zoals de heilige Paulus schrijft: '... zo zeker als Christus toen wij nog zwak waren, te zijner tijd voor goddelozen is gestorven. Want niet licht zal iemand voor een rechtvaardige sterven ... God echter bewijst Zijn liefde voor ons, doordat Christus, toen wij nog zondaren waren, voor ons gestorven is ...' (Rom. 5:6-8). Die gave 'te meten' aan onze verdiensten en ons waardig zijn is het begin van die geestelijke hoogmoed die nu juist het wezen van de zonde is.

Die spanning heeft zijn brandpunt en ook zijn bron in het sacramentele leven. En het is hier, bij het naderen tot de Goddelijke Gaven, dat we telkens opnieuw dat Goddelijke 'net' gewaar worden waarin wij gevangen zijn en van waaruit naar menselijke redenering en logica geen ontsnappen mogelijk is. Want wanneer ik wegens mijn 'onwaardigheid' me onthoud van toenadering, verwerp en weiger ik de Goddelijke gave van liefde, verzoening en leven. Ik excommuniceer mijzelf want 'tenzij gij het vlees van den Zoon eet en Zijn bloed drinkt, hebt gij het leven in uzelf' (Joh. 6:53). Wanneer ik echter 'onwaardig eet en drink', een en drink ik mijn veroordeling. Ik ben veroordeeld wanneer ik (de Gaven) niet ontvang en ik ben veroordeeld wanneer ik ze wél ontvang, want wie is ooit waardig geweest aangeraakt te worden door het Goddelijke vuur en er niet door verbrand te worden?

Nogmaals, er is geen ontsnapping mogelijk uit deze Goddelijke 'valstrik' door puur menselijke redenering, door het toepassen van onze menselijke criteria, maatstaven en argumenten op de Goddelijke Geheimen. Er is op geestelijk gebied iets angstaanjagends in het gemak en het goede geweten waarmee zowel bisschoppen, priesters als leken, maar misschien vooral wel diegenen die beweren goed thuis te zijn in 'geestelijke zaken', de sacramentele situatie zoals die nu is, aanvaarden en verdedigen als traditioneel en vanzelfsprekend; de situatie dus waarin een lid van de kerk beschouwd wordt als een 'goed lid van de kerk' indien hij vijftig weken lang niet tot de Kelk genaderd is omwille van zijn 'onwaardigheid', maar dan, in de twee en vijftigste week, na aan enige regels voldaan te hebben, na een korte biecht van hoogstens vier minuten en het ontvangen van de absolutie, plotseling 'waardig' wordt, om onmiddellijk van de communie terug te keren tot zijn 'onwaardigheid'. Het is angstaanjagend omdat deze situatie zo duidelijk datgene verwerpt wat de werkelijke zin en ook het kruis van het christelijke leven vormt, wat ons ook in de eucharistie wordt geopenbaard: hoe onmogelijk het is om ons christen-zijn aan te passen aan onze maatstaven en levensniveaus; hoe onmogelijk het is het te aanvaarden, behalve op Gods voorwaarden en niet op de onze.

Welke zijn die voorwaarden? Nergens vinden we ze beter uitgedrukt dan in de woorden die de priester uitspreekt als hij het Heilige Brood opheft, woorden die in de vroege kerk dan ook de woorden waren waarmee men tot de Communie werd uitgenodigd: 'Het heilige voor de heiligen'! Met deze woorden en ook met het antwoord dat de gelovigen daarop gaven – 'Eén is Heilig, Eén is de Heer Jezus Christus …' – houdt inderdaad iedere menselijke redenering op. Het Heilige, het Lichaam en Bloed van Christus, is alleen voor wie heilig is. Maar geen mens is heilig behalve de Ene Heilige Heer Jezus Christus. En zo is op het niveau van de ellendige menselijke 'waardigheid' de deur dicht; er is niets wat wij kunnen offeren en dat ons deze Heilige Gaven waardig zou doen zijn. Helemaal niets, behalve juist de heiligheid van Christus zelf die Hij in Zijn oneindige liefde en barmhartigheid ons heeft medegedeeld, en ons daarmee maakt tot 'een uitverkoren geslacht, een koninklijk priesterschap, een heilige natie' (1 Pet. 2:9). Het is Zijn heiligheid en niet de onze die ons heilig maakt en daarom 'waardig' te naderen tot de Heilige Gaven en ze te ontvangen. Want zoals Nicholas Cabasilas zegt in zijn commentaar op deze woorden: 'Niemand is heilig uit zichzelf en het is niet het gevolg van menselijke deugdzaamheid, maar ieder die heilig is heeft het van Hem en door Hem. Het is alsof er spiegels onder de zon zijn gezet: ze schitteren allemaal en geven hun straling af hoewel er in werkelijkheid maar één zon is die ze alle beschijnt ...'

En dat is de wezenlijke 'paradox' van het sacramentele leven. Het zou echter onjuist zijn die alleen op de sacramenten te betrekken. De zonde van profanatie, die Paulus noemt als hij spreekt over 'onwaardig eten en drinken' omvat het hele leven, omdat alles van het leven, de hele mens, lichaam en geest, door Christus geheiligd zijn, Hem zijn toegewijd en toegewijd betekent 'niet van jezelf'. De enige vraag die de mens wordt gesteld is of hij bereidwillig is deze heiligheid, die hem vrij en liefdevol gegeven wordt in nederigheid en gehoorzaamheid aan te nemen, allereerst als het kruis, waarop hij de oude mens met zijn begeerten en zijn verdorvenheid moet kruisigen; als datgene wat hem voortdurend veroordeelt; en tenslotte als genade en kracht om te blijven vechten voor de groei van de nieuwe mens in hem, van dat nieuwe en heilige leven waarvan hij deelgenoot is gemaakt. WE nemen deel aan de Heilige Communie alleen maar omdat we toegewijd, dit is heilig gemaakt zijn door Christus en in

Christus; we nemen er deel aan om heilig te worden, dit wil zeggen de gave der heiligheid in ons leven waar te maken. Wanneer men zich daar niet van bewust is, 'een en drinkt men onwaardig' – wanneer men, anders gezegd, de communie ontvangt en meent daar 'waardig' toe te zijn door eigen en niet door Christus' heiligheid. Of wanneer men de communie ontvangt zonder die te verbinden met het hele leven dat onder het oordeel ervan staat, maar ook de kracht is om het te transformeren; als vergeving, maar tegelijkertijd als de toegang – waar men niet omheen kan – tot het 'steile pad' van geestelijke inspanning en strijd.

De diepe zin en de inhoud van onze voorbereiding tot de Heilige Communie is ons van dit alles bewust te maken, niet alleen met ons verstand, maar met ons hele wezen, ons binnen te voeren in het berouw, het enige dat de deuren van het Koninkrijk voor ons kan openen.

HOOFDSTUK 7

DE BETEKENIS VAN DE VOORBEREIDING VOOR DE COMMUNIE

In onze tegenwoordige situatie, die grotendeels zo is gegroeid door de praktijk van het 'zelden ontvangen' van de communie, betekent de voorbereiding op de eerste plaats het volbrengen van bepaalde disciplinaire en geestelijke voorschriften voor degene die de communie gaat ontvangen: zich onthouden van, overigens geoorloofde, activiteiten, bepaalde canons en andere gebeden lezen (regel voor wie zich op de communie voorbereiden zoals die te vinden is in onze gebedenboeken) onthouding van voedsel 's ochtends voor de communie, enz. Maar voordat we nader ingaan op deze voorbereiding in engere zin, moeten we, in het licht van wat hiervoor gezegd is, de bedoeling van de voorbereiding in meer algemene en diepere zin proberen te achterhalen.

Ideaal gezien is het hele leven van een christen, en zo zou het natuurlijk moeten zijn, een voortdurende voorbereiding voor de communie, zoals ook de geestelijke vrucht van de communie dat is en zou moeten zijn. 'Aan U vertrouwen wij ons hele leven en onze hoop toe, O Heer ...' lezen we in het liturgisch gebed voor de communie. Alles in ons leven valt onder het oordeel en wordt gemeten aan ons lid zijn van de kerk en daardoor aan onze deelname aan het Lichaam en Bloed van Christus. Alles wat er in ons leven is, moet gevuld worden met en getransformeerd worden door de genade van die deelname. De ergste consequentie van onze huidige praktijk van voorbereiden is dat die de voorbereiding voor de communie 'afsnijdt' van het leven zelf en daardoor ons werkelijke leven nog profaner maakt, noch minder verbonden met het geloof dat we belijden.

Maar Christus is niet gekomen opdat wij een klein deeltje van ons leven zouden reserveren voor onze 'godsdienstige verplichtingen'; Hij maakte aanspraak op de hele mens en zijn totale leven en Hij liet ons het sacrament van Gemeenschap met Hemzelf na opdat het ons hele bestaan zou kunnen heiligen en zuiveren en we alle aspecten van het leven op Hem zouden betrekken. Een christen is dan ook iemand die leeft tussen de komst van Christus in het vlees en Zijn wederkomst in heerlijkheid om de levenden en de doden te oordelen; tussen eucharistie en eucharistie – het sacrament van de gedachtenis en het sacrament van hoop en verwachting.

In de vroege kerk was het juist dat ritme van deelhebben aan de eucharistie – het voortdurend leven in de herinnering aan de vorige en in verwachting van de komende – die de christelijke spiritualiteit wezenlijk gevormd heeft en haar werkelijke inhoud heeft bepaald: leven in deze wereld en reeds deelhebben aan het nieuwe leven van de toekomstige wereld en de omvorming van het 'oude' door het 'nieuwe'.

Praktisch gesproken komt de voorbereiding er allereerst op neer dat men zich bewust is niet alleen van de algemeen geldende 'christelijke beginselen', maar juist van de communie zelf – zowel van de communie die ik reeds ontvangen heb en die door mijn deelname aan het Lichaam en Bloed van Christus mijn leven oordeelt, me onontkoombaar uitdaagt te zijn wat ik geworden ben, én de communie die ik zal ontvangen, in het licht waarvan de tijd zelf en al de bijzonderheden van mijn leven op een bepaalde manier belangrijk worden en een spirituele betekenis krijgen die ze, puur menselijk en 'seculier' gezien, niet zouden hebben.

Een eerbiedwaardige priester die gevraagd werd hoe men in deze wereld als christen kan leven, gaf ten antwoord: 'Alleen maar door je voor ogen te houden dat je morgen (of overmorgen of over een paar dagen) de Heilige Communie zult ontvangen ...'

Om die voortdurende gerichtheid in onszelf op gang te krijgen, is het eenvoudigste om te beginnen met de gebeden voor en na de communie in te sluiten bij onze dagelijkse gebeden. Meestal doen we de voorbereidingsgebeden vlak voor de communie en de dankgebeden direct erna en nadat we de gebeden gedaan hebben, gaan we weer terug naar ons 'profane' leven. Maar wat let ons om een of meerdere gebeden van dankzegging gedurende de eerste dagen van de week na de zondagse eucharistie te doen en de voorbereidende gebeden in de laatste helft van de week, om op die manier een begin te maken met het opnemen van het sacrament in ons dagelijkse leven, en alles van ons leven te betrekken op de Heilige Gaven die we ontvangen hebben en op het punt staan weer te ontvangen? Dit is maar een klein begin. Er is veel meer nodig en vooral een echte herontdekking – door preken, onderricht en gerichte gesprekken – van de eucharistie als hét sacrament van de kerk en daarom de waarachtige bron van al het christelijke leven.

Het tweede plan van voorbereiding is gericht op het zelfonderzoek waarover de heilige Paulus spreekt: '... ieder beproeve zichzelf en ete dan van het Brood en drinke uit den Beker' (1 Kor. 11:28). Het doel van die voorbereiding, die bestaat uit vasten, speciale gebeden (de Regel voor wie zich op de communie voorbereiden), geestelijke concentratie, stilte, enzovoorts is niet, zoals we al gezien hebben, iemand van zichzelf te doen denken dat hij 'waardig' is, maar om hem bewust te maken, juist van zijn onwaardigheid en hem tot echt berouw te brengen. Berouw is dit: de mens die zijn zondigheid en zwakheid ziet, zich bewust is van zijn gescheidenheid van God, vervuld is van verdriet en pijn omdat het zo met hem gesteld is, die verlangt naar vergeving en verzoening, die het kwaad verwerpt en de terugkeer naar God verkiest en daarom verlangt naar de communie ter 'genezing van ziel en lichaam'.

Dit berouw begint echter niet met het bezig zijn met zichzelf, maar met het beschouwen van de heiligheid van Christus' gave, van de hemelse werkelijkheid waartoe men is geroepen. Alleen omdat we het 'versierde bruidsvertrek' zien, zijn we er ons smartelijk van bewust dat we verstoken zijn van het kleed dat we moeten dragen om er te kunnen binnengaan. Alleen omdat Christus tot ons gekomen is, kunnen we werkelijk berouw hebben, dit wil zegen onszelf zien als Zijn liefde en Zijn heiligheid onwaardig en er daarom naar verlangen tot Hem terug te keren. Zonder dit echte berouw, zonder die innerlijke radicale 'ommekeer', zal de communie voor ons 'veroordeling' zijn en geen 'genezing'. Maar de vrucht van het berouw is juist dat het ons bewust maakt van onze onwaardigheid, ons bij Christus brengt als onze enige redding, genezing en verlossing. Omdat het berouw ons zo duidelijk toont hoe onwaardig we zijn, vervult het ons met verlangen, met nederigheid en gehoorzaamheid, en dat alles maakt ons in Gods ogen 'waardig'. Lees de gebeden voor de communie. Overal klinkt die ene schreeuw:

> ... Ik ben niet waardig, mijn Meester en mijn Heer, dat Gij onder het dak van mijn ziek Uw intrek neemt. Maar daar Gij in mij wilt vertoeven als de menslievende, zal ik me verstouten te naderen. Laat de deuren geopend zijn die Gij al-

leen hebt gemaakt opdat Gij met Uw liefde kunt binnentreden ... Gij zult binnenkomen en mijn duister denken verlichten. Ik geloof dat Gij dit zult doen ...

Tenslotte wordt het derde en hoogste plan van voorbereiding bereikt als we de communie begeren eenvoudigweg omdat we Christus liefhebben en verlangend zijn met Hem verenigd te worden, die 'met groot verlangen heeft begeerd' met ons verenigd te zijn. Uitstijgend boven de behoeften en het verlangen naar vergeving, verzoening en genezing is er, en moet er alleen maar dit zijn: de liefde voor Christus die we liefhebben 'omdat Hij ons het eerst heeft liefgehad' (1 Joh. 4:19). En uiteindelijk maakt deze liefde, en niets anders het ons mogelijk om over de afgrond heen te komen die het schepsel scheidt van de Schepper, de zondige van de Heilige, die deze wereld scheidt van het Koninkrijk Gods. Alleen deze liefde, die onze menselijke – al te menselijke – doodlopende redenaties over 'waardig' en 'onwaardig' overstijgt, vaagt met één gebaar al onze angsten en remmingen weg en maakt onze totale overgave mogelijk aan de Goddelijke Liefde.

'Er is in de liefde geen vrees, maar de volmaakte liefde drijft de vrees uit; want vrees houdt verband met de straf. En wie vreest is niet volmaakt in de liefde ...' (1 Joh. 4:18). Het is die liefde, die de heilige Symeon de Nieuwe Theoloog inspireerde tot het prachtige gebed:

... door mijn deelname aan de Heilige Mysteriën, die de mens vergoddelijken, ben ik niet langer alleen, maar bij U, o, mijn Christus ... En Gij zult mij niet alleen laten, Gij, Leven-Gevende, mijn adem, mijn leven, mijn vreugde, de verlossing van de wereld.

Dit dus is het doel van alle voorbereiding, alle berouw en alle gebed: om Christus lief te hebben en 'vrijmoedig en zonder veroordeeld te worden' deel te hebben aan het sacrament, waarin de liefde van Christus ons wordt geschonken.

HOOFDSTUK 8
BIECHT EN COMMUNIE

Wat is in deze voorbereiding de plaats van de sacramentele biecht? Een vraag die we moeten stellen en proberen te beantwoorden, omdat in vele orthodoxe kerken de leer is ontstaan en tegenwoordig algemeen wordt geaccepteerd dat het voor leken onmogelijk is de communie te ontvangen zonder voorafgaande sacramentele biecht en absolutie. Zelfs wanneer iemand veelvuldig de communie wenst te ontvangen, moet hij toch iedere keer opnieuw biechten of minstens de sacramentele absolutie ontvangen.

Maar nu is het moment gekomen om openlijk te stellen dat, wat er ook voor uiteenlopende en ernstige redenen waren waardoor deze leer en praktijk konden ontstaan, die redenen niet alleen gebaseerd zijn op de traditie, maar in feite tot zeer verontrustende misvormingen leiden van de orthodoxe leer over de kerk, over de eucharistie en over het boetesacrament zelf.

Om zich hiervan te overtuigen, behoeft men zich slechts de oorspronkelijke opvatting van de kerk over het sacrament van boete in herinnering te brengen. Dit was en is nog steeds volgend de oorspronkelijke leer van de kerk het sacrament van verzoening met de kerk, van terugkeer tot de kerk en tot haar even van hen die geëxcommuniceerd waren, dit wil zeggen voor hen die waren buitengesloten van de Eucharistische samenkomst van de kerk. In het begin was, wegens het hoge morele levenspeil dat men van de leden van de kerk verwachtte, slechts eenmaal zo'n verzoening toegestaan: 'Indien iemand na de grote en heilige roeping (van het doopsel) door de duivel en door de zonden is verleid, kan hij maar eenmaal boeten', lezen we in *De herder van Hermas*, een christelijk document uit de tweede eeuw, 'want indien iemand vele malen zondigt en telkens boete doet, baat hem de boete niet'.

Later, en vooral na de massale kerstening van het Romeinse Rijk die volgde op de bekering van keizer Constantijn, werden de strenge regels voor de boete wat verzacht, maar de opvatting over het sacrament zelf veranderde geenszins. De biecht was alleen voor degenen die door de kerk geëxcommuniceerd waren wegens daden en zonden, die duidelijk omschreven waren in de canonieke traditie van de kerk. En dat het sacrament van boete nog steeds, ook vandaag, door de kerk zo begrepen wordt, blijkt immers duidelijk uit het gebed van de absolutie: '... verzoen hem (haar) met de Heilige Kerk in Christus Jezus, onze Heer ...' (Dit is, tussen haakjes, hét gebed voor de absolutie dat in de orthodoxe kerken algemeen in gebruik is. Het tweede gebed, onbekend in menige orthodoxe kerk: '... en ik, onwaardige priester, vergeef u en ontsla u van uw zonden door de macht die mij gegeven is ...' is van westerse oorsprong en verscheen in onze liturgische boeken in de tijd van de snelle 'latinisering' van de orthodoxe theologie).

Betekent dit dat de niet-geëxcommuniceerden, de trouwe gelovigen, door de kerk als zonder zonden werden beschouwd? Natuurlijk niet. De leer van de kerk zegt immers dat niemand behalve God zonder zonden is en dat er 'geen mens op aarde leeft die niet zondigt'. Maar de kerk heeft ook altijd geleerd dat, hoewel er zonden zijn die een christen excommuniceren, er ook zonden zijn die niet leiden tot deze breuk met de gemeenschap der gelovigen en deelname aan het sacrament. Nicholas Cabasilas schrijft:

> Er zijn zonden die niet ten dode zijn volgens de leer van de heilige Johannes. En daarom is er niets dat de christenen, die geen zonden hebben begaan welke hen scheiden van Christus en ten dode voeren, kan weerhouden van de gemeenschap met de Heilige Mysteriën en de deelname ter heiliging, niet alleen uiterlijk, maar wezenlijk, want zij blijven levende ledematen, verenigd met het Hoofd ...

Het is echter niet zo dat deze zonden – de algehele zondigheid, zwakheid en onwaardigheid van ons leven – geen berouw en vergeving behoeven, de hele voorbereiding voor de communie is, zoals we hebben gezien, doortrokken van dat berouw en een kreet om vergiffenis. Niet noodzakelijk daarvoor echter zijn de sacramentele biecht en absolutie, omdat die alleen golden voor de geëxcommuniceerden. Onze 'niet dodelijke' zonden en onze algehele zondigheid belijden wij telkens wanneer we bijeen zijn voor het sacrament van Christus' Tegenwoordigheid. Het gehele leven van de kerk is in feite gevestigd op dit voortdurend berouw. Tijdens de Heilige Liturgie zelf belijden we onze zonden en vragen we om vergeving in het gebed van het Trisagion:

> … Vergeef ons alle bewuste en onbewuste zonden. Heilig onze zielen en lichamen en geef ons om U te dienen in heiligheid al de dagen van ons leven …

En wanneer we de Heilige Kelk naderen, vragen we vergeving voor onze 'vrijwillige en onvrijwillige zonden, begaan in woord en daad, bewust en onbewust' en geloven wij dat we, naar de mate van ons berouw, vergiffenis verkrijgen juist door onze deelname aan het sacrament der vergeving en genezing.

Het moet dan ook duidelijk zijn dat de leer die stelt dat het boetesacrament absolute voorwaarde is voor het toelaten van de gewone gelovigen (de leken) tot de communie, niet alleen afwijkt van de oorspronkelijke en algemene traditie van de kerk, maar ook een verminking is van de orthodoxe leer over de kerk, van de eucharistie en van het boetesacrament zelf. Een verminking van de leer over de kerk omdat het de facto haar leden in twee categorieën verdeelt, waarbij voor de ene categorie (de leken) de wedergeboorte door de doop, de heiliging door de zalving, 'het medelid worden met alle heiligen van Gods hofhouding', niet voldoende geacht worden voor het deelkrijgen aan het volledige lidmaatschap, dit wil zeggen het deelhebben aan het sacrament waarin de kerk zichzelf realiseert als het Lichaam van Christus en de Tempel van de Heilige Geest. Die visie verminkt de leer over de eucharistie, omdat zij aan de communie andere voorwaarden stelt dan het lidmaatschap van de kerk en het praktisch onmogelijk maakt de eucharistie te zien en te ervaren als het sacrament bij uitstek van de kerk, als de daad waardoor, in de woorden van de Basilius' Liturgie, 'wij allen die deelhebben aan het ene Brood en de ene Beker, één worden met elkaar in de gemeenschap met de Heilige Geest'.

Tenslotte is het een misvorming van het sacrament van boete zelf, omdat het, door een formele en in feite enige voorwaarde te worden voor de communie, de biecht in de plaats stelt van de wezenlijke voorbereiding voor de communie, die, zoals we hebben gezien, bestaat uit een diep innerlijk berouw. De nadruk en de hele beleving van het sacrament verschuift van berouw naar absolutie en wordt begrepen in termen van een bijna magische macht. Het is die formele, half-magische, half-juridische 'absolutie', en niet de verzoening met de kerk waarvan hij door zijn zonden was geëxcommuniceerd, die iemand tegenwoordig in de biecht zoekt, en hij zoekt die niet omdat zijn zondigheid hem dwarszit (meestal vindt hij dat iets vanzelfsprekends en onvermijdelijks), maar omdat het hem het 'recht' geeft om met een goed geweten tot de Heilige Gaven te naderen. En nu het niet meer dan een 'voorwaarde' voor de communie is geworden, is het boetesacrament – zo beslissend en ontzagwekkend in de vroege kerk – feitelijk zijn werkelijk betekenis en plaats in de kerk kwijtgeraakt.

Hoe is het mogelijk geweest dat een dergelijke leer in de kerk is kunnen ontstaan en tot norm is geworden, en door velen wordt verdedigd als de quintessence van de orthodoxie? Daar zijn drie belangrijke factoren voor aan te wijzen. Een hebben we reeds genoemd: het nominale, minimalistische en lauwe reageren op het appel dat de kerk op haar leden doet, het verwaarlozen van de sacramenten wat de heilige vaders openlijk veroordeelden en wat aanvankelijk leidde tot het minder en minder ontvangen van de communie, en ten slotte tot de 'eens-per-jaar-verplichting' die ervan gemaakt is. Dan spreekt het vanzelf dat een christen, die maar zelden tot de Heilige Mysteriën nadert, en die overigens best tevreden is met zijn feitelijke 'excommunicatie', wel verzoend moet worden met de kerk en niet tot de communie kán worden toegelaten, tenzij via het boetesacrament.

Een tweede factor, totaal verschillend van de vorige, was de invloed van de monastieke biecht – de geestelijke leiding die een ervaren monnik gaf aan een minder ervarene – waarvan de bedoeling een voortdurend 'blootleggen van de ziel' was van de laatste aan de eerste. De 'starets' aan wie een dergelijke geestelijke leiding en 'biecht' was toevertrouwd, hoefde niet per se priester te zijn (van oorsprong werd het monastieke leven in feite onverenigbaar geacht met het priesterschap) en dit zich uitspreken had volstrekt niets te maken met het boetesacrament. Het vormde een integraal onderdeel van het monastieke leven en de discipline die gebaseerd was op de volstrekte gehoorzaamheid, en op de verloochening van de eigen wil door de monnik. Zo was het volgende de Byzantijnse monastieke typica van de twaalfde en de dertiende eeuw de monnik verboden zowel om de communie te ontvangen als wel zich ervan te onthouden naar eigen beslissing, zonder toestemming van de abt of van zijn geestelijke leidsman, want, om een van deze typica te citeren, 'wie zichzelf de communie ontzegt, volgt zijn eigen wil'. In vrouwenkloosters had de abdis eenzelfde volmacht. Hier is dus sprake van een 'biecht' van niet-sacramentele aard en in zekere zin te vergelijken met wat we vandaag 'gericht gesprek' of 'geestelijke leiding' zouden noemen. Maar historisch gezien is dit van grote, ja zelfs van beslissende invloed geweest op de sacramentele biecht.

In een tijd van geestelijk verval (waarvan men bijvoorbeeld nog duidelijk sporen terugvindt in de canons van het zogenaamde Quinisext Concilie in

Trullo, dat in Constantinopel werd gehouden in 691) en van verlies van het morele en geestelijke gezag van de 'seculiere' geestelijken, werden de kloosters praktisch de enige echte centra voor geestelijke leiding en waren de monniken de enige geestelijke raadgevers voor de orthodoxen. En zo gingen langzamerhand de twee vormen van biechtpraktijk – de 'sacramentele' en de 'geestelijke' in elkaar over: de geestelijke kon de voorbereiding voor de Heilige Communie worden en de 'sacramentele' kon geestelijke problemen insluiten die er vroeger niet bij hoorden.

Maar hoe gerechtvaardigd deze ontwikkeling, geestelijk en historisch gezien, ook was, hoe heilzaam ook onder de toenmalige omstandigheden, ze heeft het hare bijgedragen tot de grote verwarring die nu, in onze tegenwoordige omstandigheden, waarschijnlijk meer kwaad doet dan goed. Er bestaat natuurlijk geen enkele twijfel over de essentiële behoefte die er binnen de kerk is aan pastorale en geestelijke begeleiding, maar waar het om gaat is dit: wordt deze behoefte voldoende opgevangen binnen onze drie-tot-vijf-minuten biecht met een lange rij wachtenden van al degenen die met hun eenmaal-per-jaar-biecht hun 'plicht vervullen'? Is het dan wel mogelijk om tot de kern van de zaak door te dringen terwijl de biecht het tweeslachtige heeft van een biecht die geen biecht meer is en zich toch ook niet helemaal tot een geestelijk gesprek ontwikkelt? En dan nog een vraag: is iedere priester, vooral een jonge, voldoende ervaren en 'toegerust' voor zijn taak om alle problemen op te lossen en zelfs om ze helemaal te begrijpen? Hoeveel tragische fouten, hoeveel geestelijk schadelijke adviezen, hoeveel vergissingen hadden vermeden kunnen worden als we ons aan de werkelijke traditie van de kerk hadden gehouden en als we de sacramentele biecht uitsluitend hadden voorbehouden aan de biechteling die zijn zonden wil belijden en daarnaast een gelegenheid in ander verband hadden kunnen vinden voor de zo noodzakelijke pastorale en geestelijke begeleiding? Hierdoor zou de priester zich onder andere ook hebben kunnen realiseren, hoe hij in sommige gevallen zelf in gebreken blijft wat een reden voor hem zou zijn om voor zichzelf hulp en leiding te zoeken – bij zijn bisschop of bij een andere priester of bij de geestelijke ervaring van de kerk.

De derde ne helaas beslissende factor was wederom het westerse scholastieke en juridische begrip van boete. Er is heel veel geschreven over de 'westerse gevangenschap' van de orthodoxie, maar slechts weinigen beseffen hoe verstrekkend en diepgaand de misvorming is, die de westerse invloeden in het leven van de kerk hebben teweeggebracht, op de eerste plaats wat het begrip van de sacramenten aangaat. Die invloed van het Westen heeft geleid tot de bovengenoemde verschuiving van berouw en verzoening met de kerk, als de essentie van het sacrament van boete, naar de absolutie, die vrijwel uitsluitend werd gezien in termen van juridische macht. Terwijl in de oorspronkelijke orthodoxe opvatting bij de absolutie gedacht wordt aan de priester als getuige van de waarachtigheid en ongeveinsdheid van het berouw en hij daarom het gezag heeft om de goddelijke vergiffenis en de 'verzoening van de penitent met de Heilige Kerk in Jezus Christus' te verkondigen en te bezegelen, wordt de absolutie binnen het westerse juridische raamwerk een 'macht in zichzelf' – zelfs zodanig dat hier en daar de waarlijk vreemde praktijk is ontstaan, dat de absolutie gevraagd en gegeven wordt zonder dat er gebiecht is! Het verschil, dat in beginsel ontstond – genoemd door Cabasilas – tussen zonden die excommunicatie tot gevolg hebben en zonden die een mens niet afscheiden van de kerk, werd volgens rationalistische redenering van het Westen een verschil enerzijds tussen 'doodzonden' – die de mens de 'staat van genade' ontnamen en daarom sacramentele absolutie noodzakelijk maakten – en anderzijds 'dagelijkse zonden', die de staat van genade niet aantasten en waarvoor een akte van berouw voldoende is. In het orthodoxe Oosten, en met name in Rusland (onder invloed van de latiniserende theologie van Peter Moghila en zijn volgelingen), was het gevolg van deze leer dat er een dwingend verband ontstond tussen de biecht en iedere communie. De ironie van het geval wil dat deze meest duidelijke van alle Latijnse 'infiltraties' door vele orthodoxen als de norm bij uitstek van de orthodoxie wordt beschouwd, terwijl wat niet meer dan een poging is om de norm te herwaarderen in het licht van de werkelijke orthodoxe traditie, vaak voor een rooms-katholieke afdwaling wordt uitgemaakt.

HOOFDSTUK 9
ALLES OPNIEUW ONTDEKKEN

Op de allereerste plaats is dus nodig dat en de kerk en haar gelovige leden de wezenlijke betekenis en de zin van de eucharistie opnieuw ontdekken als het sacrament van de kerk, als die essentiële daad waardoor ze altijd weer wordt wat ze is: het Lichaam van Christus, de Tempel van de Heilige Geest, de gave van het nieuwe leven, de openbaring van het Koninkrijk Gods, de kennis van God en de gemeenschap met Hem. De kerk wordt dit alles door het 'sacrament van de samenkomst' – de velen die samenkomen om de kerk te vormen, door het aanbieden samen als één lichaam, verenigd door één geloof, één liefde, één hoop, van de Heilige Offerande, door het aanbieden 'met één mond en één hart' van de eucharistie, en door de bezegeling van deze eenheid – in Christus met God, en in Christus met elkaar – door het deelnemen aan de Heilige Gaven.

Verder is het noodzakelijk dat we de communie opnieuw gaan ontdekken als het wezenlijke voedsel dat ons met Christus verbindt, ons deelgenoot maakt van Zijn leven, Dood en Opstanding, als het middel bij uitstek dat ons tot waarachtige leden van de kerk maakt en de eigenlijke bron is van ons persoonlijk leven en onze geestelijke groei.

Tenslotte moeten we opnieuw ontdekken wat de werkelijke zin is van de voorbereiding, ontdekken dat deze voorbereiding het brandpunt is van ons geestelijk leven, de geestelijke inspanning die ons voortdurend onze onwaardigheid doet zien en ons daarom dan ook doet verlangen naar het sacrament van genezing en vergeving. Juist omdat dit sacrament ons de onmetelijke diepte openbaart van Christus' liefde voor ons, wekt het in ons het verlangen Hem lief te hebben en met Hem verenigd te zijn.

En als we dit alles 'herontdekken', zullen we ook ontdekken dat het gehele leven van de kerk in feite altijd die voorbereiding is geweest. Dat al haar regels – voor liturgie en geestelijk leven, voor boete en discipline – inderdaad geen andere reden van bestaan hebben dan ons te helpen ons leven tot een voortdurende voorbereiding te maken, niet alleen voor de communie, maar uiteindelijk voor datgene waartoe de communie ons voorbereidt de vreugde en de volheid van de 'avondloze dag' van Gods eeuwig Koninkrijk.

En dan zullen we ook weer ontdekken hoe werkelijk nodig het sacrament van boete is, de sacramentele biecht. We zullen er geen formele 'absolutie' in zoeken of een even formele 'voorwaarde' voor de communie, maar een diepgaande geestelijke vernieuwing, de werkelijke verzoening met God en een terugkeer tot Zijn kerk, waarvan we zo dikwijls geëxcommuniceerd zijn door het hopeloze secularisme van ons bestaan. We zullen opnieuw de geestelijke zin ontdekken van de boetetijden van de kerk – de grote vasten, de advent van Kerstmis, enzovoorts – die de meest geëigende tijden en seizoenen voor de sacramentele boete zijn. We zullen opnieuw in onszelf de behoefte aan geestelijke leiding ontdekken. En bovenal zullen we – met vreze en vreugde, met geestelijk hooggespannen verwachting en geloof – het sacrament van Christus' Lichaam en Bloed opnieuw ontdekken als de ware bron en het blijvende brandpunt van ons leven als christenen.

Dit alles zal natuurlijk niet van de ene op de andere dag gebeuren. Het zal veel tijd, veel inspanning en veel geduld vergen. Maar juist het feit dat al deze vraagstukken – en als we dieper graven, de honger en dorst naar een meer volledige deelname aan het wezenlijke, geestelijke en sacramentele leven van de kerk – in onze kerk en in haar leden actueel zijn geworden, kan ons geruststelling geven dat zelfs in de duisternis en de geestelijke verwarring van onze tijd de kerk 'nooit veroudert, maar zichzelf steeds verjongt'. Het is aan hen, wiens God 'de rechte verkondiging van het Woord van Zijn Waarheid' heeft toevertrouwd – de bisschoppen als behoeders van de waarheid – te zorgen, dat deze geestelijke honger wordt getild overeenkomstig de wezenlijke normen, de werkelijke eisen van de traditie der kerk.

UITGEVERIJ ORTHODOX LOGOS

SAMENSTELLER EN VERTALER MAXIM HODAK

VERLIEFD ZIJN OP HET LEVEN

ADVIEZEN VAN HET OOSTERS CHRISTENDOM

NICOLAS LOSSKY

DE MENSENRECHTEN IN HET LICHT VAN HET EVANGELIE

UITGEVERIJ ORTHODOX LOGOS

AARTSPRIESTER SERGEI HACKEL

DE ORTHODOXE
KERK

UITGEVERIJ ORTHODOX LOGOS

Uitgeverij Orthodox Logos
www.orthodoxlogos.com